躍後進国
ニッポン

山田 昌弘

第1章 女性活躍後進国の現実……2
第2章 経済社会の構造転換の中で……15
第3章 女性が活躍できない国の暗い未来……24
第4章 なぜ女性の経済的進出は進まないのか……46
終 章 男女ともに生きやすい社会を目指して……60

岩波ブックレット No. 934

第1章　女性活躍後進国の現実

世界最低ランクの女性の進出度

「地球上で女性を侮《あなど》った国は発展しませんでした」。これは、二〇一二年に上演された宝塚歌劇宙《そら》組公演ＳＦファンタジー『銀河英雄伝説』の中のフレーズです。[*1] 伯爵令嬢ヒルダが銀河帝国初の女性士官を志願した時、ラインハルト提督がわが国には女性の士官などいないと難色を示した時に、彼女が発した言葉です。

＊1　『銀河英雄伝説』田中芳樹原作、小池修一郎脚本。二〇一二年宝塚宙組公演。主演、凰稀《おうき》かなめ、美咲凜音。この発言は原作にはないので、小池氏の創作だと思われる。ちなみに、私は「男なのに」宝塚歌劇ファンである。女性が男性を演じる宝塚歌劇や、男性が女性を演じる歌舞伎という芸能がある日本文化が気に入っている。

日本社会が女性を侮っているとまでは思いませんが、女性がなかなか活躍できない環境にあることは確かです。二〇一四年の世界経済フォーラム（ダボス会議）によると、日本の男女平等度は、一四二カ国中一〇五位、特に経済分野では一〇二位、政治分野では一二九位と低迷しています。イギリスのマーガレット・サッチャー元首相やドイツのアンゲラ・メルケル首相など、先進国で国の指導者に女性が就くことはもう珍しいことではありません。発展途上国でも、インドでインディラ・ガンジー首相が誕生したのは、もう五〇年近く前のことです。そして、女性の政治参加が遅れていた韓国でさえ、二〇一三年に女性大統領が誕生しました。このように諸外国では女性首相、女性大統領は当たり前なのに、日本では女性国会議員さえ少ない状況です。二〇一四年一二月の総選挙後の衆議院議員の女性比率は九・五%、民主的に議員を選ぶ国の中では最低レベルです。[*2]

＊2　二〇一四年末現在、OECD（経済協力開発機構）三四カ国の中で、女性国会議員比率は最下位である（一院で比較、日本は衆議院）。最高は、スウェーデンの四四・七%。韓国は下から五位の一六・三五%である。

経済界を見てみましょう。経済界での女性活躍度をみる指標として「女性管理職比率」（管理職の中で、女性が占める割合）がよく用いられます。諸外国では管理職比率が三〇―四〇%台の国が多いのに対し、日本では管理職比率は一〇%前後とかなり低い数字です。[*3] 民間企業の役員比率に至っては、欧米主要国では一五%程度なのに、日本ではわずか一・四%。ほとんどいないといってもいいレベルです。

＊3　女性管理職比率の数字は、調査によって違ってくるが、「課長相当職以上」が管理職の一般的定義である。日本の女性管理職比率は、総務省の労働力調査（二〇一二年）では一一・一%。雇用均等基本調査（二〇一三年）では、民間企業の女性管理職比率はたった六・六%である。労働力調査では、

「病院の看護師長」(ほとんど女性)、「学校の校長、教頭」(小学校で女性比率が増えている)が管理職に含まれるので、女性比率が高く出る。逆に、それらの職を除けば、日本の女性管理職比率は驚くほど低いということである。

政治的にも経済的にも指導的地位にいる女性比率は、世界的に最低レベル。まさに、日本は、女性の活躍後進国なのです。

女性活躍先進国だった日本社会

日本は昔から、女性の活躍度が低かったのでしょうか。歴史的にみれば、そうではありません。文献的史料のない「卑弥呼」「神功皇后」などの業績についてはよくわかりませんが、古代日本では、西暦五九三年に推古天皇が即位して以来、何人もの女性天皇がいました。また六七三年、壬申の乱に勝利した天武天皇即位の時に発せられた詔《みことのり》をみると、女性も朝廷への出仕、つまり今でいう公務員としての登用が許されていたことがわかります。*4 飛鳥時代や奈良時代にかけては、持統天皇や孝謙天皇が実権をもって活躍しました。平安時代は、女性天皇こそ出ませんでしたが、清少納言や紫式部に代表されるような女性作家が活躍していました。武家社会成立以降も、北条政子や日野富子など、女性が政治的に大きな力をもった伝統があります。近代以前にこれだけ女性が活躍した国は、日本以外では古代エジプトくらいのものでしょうか。日本は、昔は女性の活躍先進国だったのに、今では後進国になってしまっているのです。

＊4　天武天皇詔「女子の出仕は、未婚、既婚問わず、有夫の女であろうと寡婦となった女であろうと、その歳の上下を問わず、これを聴《ゆる》す」（橋本治『双調平家物語　第三巻』より引用）。中国では約四〇〇〇年の歴史上、女帝は一人だけである。フランスでは女王は存在しなかった。

女性が活躍できない国は発展しない

私は、女性が政治や経済の分野で男性と同じように活躍できていないことが、一九九〇年代以降の日本の経済停滞の大きな要因だと考えています。それだけでなく、日本の少子高齢化の一因にもなっています。その関連について、次章から詳しく見て行きます。

一九八五年に男女雇用機会均等法、一九九九年に男女共同参画社会基本法ができ、女性活躍の法律的障害は基本的には取り除かれています。実際、一九九〇年代に比べれば働く女性の割合や、管理職の女性の数は多少増えています。ただ、その速度は諸外国に比べて大変遅いと言わざるを得ません。しかし、女性の活躍がなければこのグローバル化した世界の中で発展が見込めません。この点は、順次説明していきたいと思います。

国別のデータを見てみると、女性の活躍度と一九九〇年代以降の経済的パフォーマンスの間に大きな関係があることが見えてきます。例えば、男女の就業率ギャップ指数というデータがあります。男性の就業率が女性に比べてどれだけ高いか、つまり男女の就業率にどのくらいギャップがあるかを数値化したものです（次頁表1）。先進国で比較した場合、数値が大きい国、つまり女性が働いている割合が低い国は、イタリア、韓国、ギリシアです。イタリアやギリシアなどの南欧諸国は、ＥＵの中で、財政危機で苦しんでいることで有名です。韓国は一九九七年に一度財政危機に陥りました。北欧やカナダなど、経済が好調で財政が健全な国ほどギャップが小さくなっています。日本の大きな財政赤字も、女性の就業率が低いことが一因ではないかと思えます。

次に、アジアの新興国・地域と比較してみましょう。シンガポールや香港、台湾などでは、日本と比較して女性の活躍が目立ちます。私は今、これらの国に渡って仕事をしている日本人女性

表 1　OECD 主要国の男女の就業率ギャップ指数(2009 年)

(単位＝%)

イタリア	31
韓国	30
ギリシア	29
日本	26
アイルランド	21
スペイン	20
OECD 平均	18
イギリス	16
アメリカ	14
ドイツ	14
オランダ	13
ポルトガル	12
フランス	12
カナダ	9
デンマーク	8
スウェーデン	6
フィンランド	3

注：数値は「(男性就業率－女性就業率)÷男性就業率」.
出所："Report on the Gender Initiative" Meeting of the OECD Council, 2011

表 2　アジア諸国・地域の一人あたり GDP の比較

(単位＝米ドル)

	購買力平価		一人あたり GDP	
	1985	2014	1985	2014
日本	13,125	37,683	11,464	37,540
香港	10,726	55,167	6,557	40,304
シンガポール	13,958	81,346	6,778	56,113
台湾	6,111	43,600	3,271	21,572
韓国	4,286	35,485	2,542	28,739

注 1：購買力平価は，為替変動等の影響を除くため，物価水準で調整した値，実質一人あたりの生活水準を示す指標.
注 2：日本人の生活水準は，1985 年ではアジア一と言ってよかったが，2014 年には実質シンガポールの半分，香港の 3 分の 2 のレベルにあり，差は広がっている.

にインタビュー調査をしています。彼女たちは「日本の企業の中では居場所がなかった」「日本と違って女性だからと言って差別されることはない」「ここでは働きながらのびのび子育てできる」などと口々に語ります。日本で女性が活躍する環境が整わない間に、日本の一人あたりＧＤＰ（国内総生産）は、アメリカや北欧諸国に追いつくどころか、シンガポールや香港にはるかに追い抜かれてしまいました（表２）。日本は、経済的な豊かさでアジアのトップではなくなっています。これも女性活躍後進国であるからだというのは、言いすぎでしょうか。今、韓国は、女性大統領の下で国を挙げて女性の活躍推進に取り組んでいます。このままだと、日本は女性活躍度だけでなく、経済的にも発展途上国になりかねません。

掛け声だけで、なかなか進まない女性の活躍推進

二〇一五年現在、政府は女性の活躍推進を打ち出しています。

実は日本では二一世紀以降、自民党中心の政権であろうが、民主党中心の政権であろうが、女性の活躍推進をスローガンに掲げてきました。二〇〇一年に小泉純一郎氏が首相となり、「女性のチャレンジ支援」を打ち出しました。内閣発足時には女性大臣が五人と史上最多となり、二〇〇五年の郵政選挙の時は、多くの女性候補が当選しました。そして、民主党中心の政権の時も「働くなでしこ大作戦」（二〇一二年）と銘打って、働く女性の活躍推進プランを策定していました。

しかし、一五年間にわたって指導的立場の女性を増やそうと言い続けているのにもかかわらず、

女性管理職の増加率は、諸外国に比べれば微々たるものです。国会議員比率は、むしろ後退しています。さらに前世紀の橋本龍太郎内閣時代から「保育所の待機児童ゼロ」を各政権が掲げてきたのにもかかわらず、二〇年経っても未だこの問題は解消されていません。

私は、小泉内閣成立以降、政府のさまざまな審議会や研究会で、女性の活躍推進が日本の活性化のカギだ、女性の活躍がなければ日本は没落すると意見を述べてきました。麻生太郎内閣の時には男女共同参画国民会議民間議員になり（二〇〇九―一三年）、政府関係者などと議論する機会にも恵まれました。その都度、政府は、一歩一歩前進していると回答しますが、結局そのスピードは大変遅く、諸外国に大きく後《おく》れをとっています。

そのような中で見えてきたのは、男女共同参画の推進、とりわけ女性の活躍推進がなかなか進まないのは、戦後の高度成長期に確立された「日本社会のあり方」、要するに「社会構造」に原因があるということです。社会構造を大きく変えることなく、小手先の対策だけを行っていても、なかなか女性の活躍は進みません。その結果、少子化対策、景気対策、財政赤字対策も十分なものにならないのです。

社会構造というと難しく聞こえるかもしれませんが、それは、人々の行動や意識に影響を与える制度、慣習、社会意識、規範などです。その中で特に重要なものは、「夫は主に外で働き、妻は主に家で家事をする」ことを前提にした社会構造、つまり、「働き方」「家族形成（結婚、子育て）のありかた」「社会保障（社会福祉）のありかた」です。

具体的にこれらの社会構造のどのような点が、女性の経済的活躍推進を妨げているかを、次章から検討していきます。そして、女性の活躍推進がもたらす、さまざまなプラスの側面を示します。

女性の経済的活躍の推進は、単に女性にとってメリットがあるばかりではありません。日本経済、社会、家庭、そして男性にとっても必要かつ不可欠なものになっています。

男女をめぐる社会慣習は変化する

男女共同参画、とりわけ女性の経済的活躍の推進を考える場合、大きな時代の流れを押さえておく必要があります。

社会の慣習や制度は、時代によって変化します。それは、家族にかかわる慣習や男性と女性の役割分担でも同じです。たとえば、結婚したら女性は男性の家に入って夫の両親と暮らすのが日本の古来からの伝統だと思っている人がいます。しかし、『源氏物語』などを読めばわかるように、平安時代の貴族では、男性が女性のもとに通う「通い婚」が一般的でした。子どもが生まれたら母親の実家で育て、後に男性が邸宅を構えた時に妻子を引き取るという形でした。結婚したら即男性の家に入るという慣習は、鎌倉時代以降広まったものです。

結婚後、夫婦で同じ姓を名乗るのが日本の伝統だと思っている人もまだいます。しかし、歴史的にみれば、夫婦同姓は日本ではたいへん新しい慣習です。たとえば、古代から明治時代中ごろまでは、日本では儒教の影響から、夫婦は別々の姓を名乗っていました。明治維新後も政府は、結婚しても姓を変えないようにという通達を出していました。しかし、一八九八（明治三一）年、旧民法制定にあたって、欧米のキリスト教国の風習に合わせて夫婦同姓を採用し、結婚したら夫婦が同じ姓を名乗らねばならないという規定にし、現在に至っています。[*5] 夫婦で同じ姓を名乗る慣習は、日本ではたかだか一〇〇年余りの歴史しかないのです。

＊5　世界的に見ると、結婚後の姓のありかたは、欧米やフィリピンなどキリスト教の影響の強い国では夫婦同姓が多く、中国や韓国など儒教の影響が大きい国では夫婦別姓が多い。しかし、夫婦別姓が慣習である国でも、夫婦同姓を選ぶことは可能であり、また、欧米など夫婦同姓が一般的な国でも、夫婦別姓を選ぶことができる。法制度上、先進国で夫婦同姓しか選べない国は、日本くらいになってしまった。また、日本でも国際結婚の場合は、夫婦別姓である。

男女の役割分担も時代によって大きく変化します。その変化は、経済状況の変化に従って生じたものです。そこで、日本の性別役割分業の歴史を、戦前の農業が中心だった時代、戦後の工業が中心だった時代、そして、現在移行中であるサービス業中心の時代に大きく分けて考察してみましょう。

農業中心の時代

明治維新後、近代工業が日本にも導入されましたが、戦前までは、農業など家業が中心の時代でした。戦後の一九五〇年ごろでも、働く人の約半数は農林漁業従事者でした。日本の農業の多くは、家族で行われており、そこでは夫も妻も、そして高齢者も子どもも、農作業に従事していました。都市部でも事情は同じです。当時は工業やサービス業でも、町工場や商店などは一家総出の家業として営まれていました。そこでも女性は貴重な労働力として、経理や接客、時には肉体労働など、生産活動に従事していました。言葉は悪いのですが、家事や育児は、手の空《あ》いている人が片手間にやるものでした。農家では、母親が乳児を田んぼに連れて行って、農作業の間に授乳するなど普通のことでした。裕福でゆとりがある家では、子守を雇うなど子育てを人に任せることもしばしばでした。男女共同参画などという言葉はなくても、ほとんどの女性は農作業や店番などで生産活動に従事していたのです。[*6]

＊6　戦前は、製糸工場などでは主に未婚の女性が工員として働いていた。男性や既婚女性は家業に従事するものが多く、外に働きに行く余裕はなかったのである。炭鉱などでも、掘削は男性だが運搬などで多くの女性が重労働に従事していた。

専業主婦の誕生

戦後、高度成長期（一九五五―七三年頃）になると、日本は工業中心の時代に入ります。それは、企業中心社会と言ってもよいでしょう。男性は、企業の被用者となって、一つの企業で週六日（当時は週休二日制は普及していませんでした）、朝から晩まで働き続けるというシステムが普及していきます。つまり、サラリーマンの誕生です。[*7] サラリーマンは日中ほとんどの時間を家から離れて仕事をしなければいけないので、家で家事や育児をする人が必要になります。そこで、専業主婦が登場するのです。

＊7　サラリーマンは和製英語であり、欧米では通じない。office worker や business person など、性に中立的な言い方が普通である。もちろん、ＯＬ（オフィスレディー）という言葉も本来の英語にはない。強いて翻訳すれば、female office worker とするしかない。

戦前は、「給与所得者の夫–生産活動に従事しない妻」という組み合わせは、軍人、役人、大企業の幹部など、一部の人々に限られていました。それが、経済の高度成長期に工業化が進展し企業が発展する中で、多くの家族で可能になったのです。日本では、男性であれば工場労働者も事務労働者も同じく会社の正社員として雇われていました。そして、終身雇用、年功序列賃金の雇用慣行が定着しました。また労働力不足から、特に大企業や役所では、社員を集めるために社宅や公務員住宅などの整備が進みました。さらに、「家族手当」などで妻子をもつ男性正社員を優遇する給与体系もできました。その結果、男性の雇用は安定し、収入（所得）が年齢を重ねるごとに高くなる仕組みができました。つまり、妻が外で働いて収入を得なくても、豊かな生活を築くという見通しがもてたことになります。

「夫は仕事、妻は家事で豊かな生活を築く」というモデルは、実は、欧米にありました。専業主婦の起源は、一九世紀前半のイギリスにあります。当時、産業革命によって工業化が進展し、企業がたくさんできました。工業化の初期には、子どもや未婚女性が工場で働いていましたが、徐々に工場や会社では男性が長時間働くという習慣が普及します。その対極に、「専業主婦」、つまり、収入を伴った仕事をせずに、主に家事、育児をする妻が出現しました。それが一九世紀後半から産業化が進んだ西ヨーロッパ諸国やアメリカに普及します。[*8] そして、一九五〇年代に日本に入ってきます。現実に、産業化が進み、会社員の男性が増えたことが根底にあります。そして、映画やテレビの普及によって、欧米の家族生活が目に見える形で入ってきたことが、専業主婦の一般化を促進しました。[*9]

＊8　イギリスでは一九二〇年頃、専業主婦の割合は八割以上にのぼった。アメリカでは、一九五〇年頃、専業主婦の割合は約七五%を占めた。日本で専業主婦の割合が一番高かったのは、一九七五年頃である。それでも六〇%程度なので、実は日本では欧米に比べ、専業主婦はあまり普及しなかったといえる。それは、家業などで女性も働くという伝統が戦後も維持されたことが一因である。

＊9　例えば、初期のテレビでは、『ルーシー・ショウ』や『パパは何でも知っている』といったアメリカの家庭ドラマが人気だった。そこでは妻は、手料理やケーキを作ってかいがいしく家族の世話をするなど、アメリカの中流階級の専業主婦生活が描かれた。そのライフスタイルは、日本の庶民の憧れの的となった。

現実に、経済の高度成長期に、一家総出で働く自営業が衰退する一方で、サラリーマン―専業主婦世帯が増大していきます。ただ、日本では、農業などの小規模自営業は経済的に保護されていたので、その転換はゆっくりとしたスピードで進みました。地方から都会に出てきた当時の若者が結婚し、性別役割分業型の戦後家族モデルを作ります。その結果、既婚女性の無職率が高まります。

しかし、この性別役割分業に基づく家族モデルは、経済が成長し、ほとんどの男性の雇用が安定して、収入が増え続けるという前提に基づいていました。この前提が徐々に崩れていくのが次の時代、すなわち現代なのです。

第2章　経済社会の構造転換の中で

ニューエコノミーの時代

今、時代は大きく変化しています。前章で、男は仕事、女は家事という性別役割分業は、戦後の高度成長期に一般化したことを述べました。それは、産業の中心が農業から工業に向かう中で、欧米社会をモデルにして作られたものでした。

一九七三年のオイルショックは、先進国社会に大きな変動をもたらしました。[*10] 日本では、経済の高度成長時代が終焉し、低成長時代が始まります。この時期から、先進国では経済の中心が工業からサービス業に移ります。ポスト工業化時代などと呼ばれますが、ここでは、ニューエコノミー（新しい経済）と呼んでおくことにします。[*11]

＊10　オイルショックは和製英語。英語では Oil Crisis（石油危機）、もしくは Gulf Oil Crisis（湾岸石油危機）という。一九七三年の第四次中東戦争をきっかけに、アラブ産油国が石油の生産量を削減して価格を上げた。日本では、紙が足りなくなるという流言によってトイレットペーパーの買い占め騒ぎが起こった。筆者もトイレットペーパーを買うために店の前に並んだ記憶がある。これをきっかけに、エネルギーや原材料を非常に安い価格で買い、モノを大量に作って売るという工業時代の

モデルが通用しなくなった。

＊11　ポスト（脱）工業社会は、社会学者のダニエル・ベルが唱えた概念。ニューエコノミーという言葉は、ロバート・ライシュの『勝者の代償』（清家篤訳、東洋経済新報社、二〇〇二年）によった。ライシュは、労働長官の職を家族生活を大切にしたいという理由で辞任したことで有名。

ニューエコノミーは、サービス化、情報化、グローバル化など、さまざまな特徴がありますが、新しい経済への移行は、社会のさまざまな領域の変化を伴っています。ベルリンの壁が崩壊し（一九八九年）、ソビエト連邦が解体（一九九一年）したのも、社会主義体制が新しい経済システムに合わなくなってきたからです。社会主義国で採用された計画経済は、規格化された工業製品を大量に生産するのには適していても、人々の好みに合わせて多種多様な商品やサービスを提供することには不向きなのです。

この新しい経済への移行は、政治・経済だけではなく、人々の生活にもさまざまな影響を与えます。それにはプラスの側面も、マイナスの側面もあります。そして、男女の役割の変動が必然的に伴います。なぜなら、新しい経済のプラスの側面を伸ばし、マイナスの側面を緩和するには、従来の固定化された男女の役割分担では対応できず、女性の経済分野への進出が必須だからです。

新しい経済を主導した政治家が、イギリスのサッチャー首相でした。一九七九年、専業主婦発祥の地であるイギリスで女性首相が初めて誕生し、その首相が規制緩和やグローバル化を推進して経済を復活させようとしたのはまさに象徴な出来事でした。そして、一九八〇年代にはアメリカやオーストラリア、一九九〇年代には北西ヨーロッパ諸国（北欧や独仏、オランダなど）がイギリスに続いて新しい経済を導入していきます。そして、一九九〇年代後半以降、グローバル化の流れに乗って、日本や南ヨーロッパ諸国、そして、アジアなどの新興国でも、新しい経済の波にさらされることになります。[*12]

＊12　サッチャー首相とともに新しい経済を推し進めたアメリカのロナルド・レーガン大統領は、アメリカ初の離婚経験のある大統領である（一九八〇年の大統領当選時には再婚していた）。それまでは離婚経験がないことが大統領になる暗黙の条件だった。ちなみにサッチャー首相の夫は離婚経験者であった。新しい経済を推進した二人が、いわゆる伝統的な家族を形成していなかったことは象徴的である。日本では、規制緩和を推進した小泉純一郎首相が、離別を経験していたのは記憶に新しい。

女性を経済的に活躍させないと、サービス経済の下での経済発展は見込めません。一九九〇年代以降、先進国か新興国かを問わず、女性の経済的活躍がめざましい国々（女性労働力率や管理職率が高くなった国）の経済成長率は比較的高めです。それは、生産分野で女性の仕事能力の活用が必要となり、また、女性が収入を得ることによって消費が活発になるからです。詳しくは第３章で考察していきます。

新しい経済は、社会にとってよいことばかりではありません。労働の流動化が進み、安定雇用が少なくなります。その結果、一人の収入で妻子を養うことができる男性の数が減ります。先進国社会は、一九七三年以降、経済成長率の低下、社会保障費の増大、財政赤字、少子高齢化に見舞われます。新しい経済の負の側面を緩和するためにも、女性の経済領域への参加が求められているのです。この点も次章以下、順次考察していきます。

その結果、男女平等政策を積極的に進め、女性の経済分野での活躍が可能になった先進国(英米独仏蘭豪、北欧諸国など)では、新しい経済に適応して、比較的高い経済成長と財政悪化への歯止め、出生率のある程度の回復を成し遂げることができました[*13]。子どもをもつ女性が働きやすい環境を整え、職場での女性差別をなくし、女性が経済的に活躍する下地を整えたのです。しかし、先進国や新興国の中でも、日本、イタリア、スペイン、ギリシア、韓国など女性の経済的活躍後進国では、新しい経済への適応がうまく進まず、経済停滞や財政赤字の拡大、出生率低下などに悩まされ続けています。

＊13 女性の活躍推進と言っても、国による違いも大きい。アメリカやイギリスなどでは、女性差別の禁止を徹底させて女性活躍の機会を作り、ニューエコノミーのプラスの側面を最大限に引き出した。一方、北欧やオランダ、フランスなどでは、マイナスの側面を緩和するために、保育政策や労働政策など社会保障によって女性就労の促進を支援することに重点が置かれた。シンガポールなどアジアの新興国(韓国を除く)は、専業主婦が一般化する前にニューエコノミーが普及したため、夫婦共働きが当然視され、その代わりに家事労働者として外国人ホームヘルパーが受け入れられた。いずれにしても、「夫は仕事、妻は家事」という性別役割分業は、スタンダードではなくなっている。

ニューエコノミーへの適応、これが、女性の活躍推進を進めなければならない一つの大きな理由なのです。

女性の活躍は企業を活性化させる

次に、経済分野での女性の活躍が、企業にとっても必要になっている理由を考察していきます。女性の採用や昇進は、企業活動にとってマイナスだという偏見をもつ人はまだいます。しかし、世界的に見れば、アメリカや北欧など女性が経済的に活躍する先進国の経済は好調です。日本を含め、イタリアやギリシアなど女性の経済分野への参画度が低い国の経済は停滞気味であることは述べました。欧米では、自動車の販売台数世界第三位（二〇一四年）であるＧＭ（ゼネラル・モーターズ）のＣＥＯメアリー・バーラ（二〇一五年現在）を筆頭に、経営トップが女性である大企業は数多くあります。それが、業績にマイナスであるとはだれも思いません。

個々の企業をみてみましょう。女性役員比率が高い企業ほど利益率が高いなどの調査結果が海外で出ています。日本でも、二〇〇三年の経済産業省の報告[*14]以来、女性が活躍する、もしくは活躍する基盤を整えている企業の業績はよいという結果がいくつも出ています。これらの調査では単に女性の人数が多ければよいのではなく、管理職への昇進や女性が働き続けるための支援など、女性が活躍する環境が整っていることが重要であると指摘されています。

＊14　経済産業省・男女共同参画研究会報告書「女性の活躍と企業業績」（二〇〇三年六月）。官庁が行

ったヒアリングやミクロデータ分析に基づく貴重な報告書である。一〇年以上たった今でもこれを超える分析がみられないのは残念である。

では、なぜ、女性が活躍すると企業が活性化されるのでしょうか。私は先に述べたように、ここ二〇年の経済の構造転換、ニューエコノミーの浸透が、女性の能力を必要とする環境を作り出したと考えています。

一九九〇年頃までの工業時代は、少品種大量生産の時代でした。まだ豊かではない時代には、誰もが生活を豊かにするために必要なモノを欲しがりました。日用品、家電製品、自家用車など、便利なものを手に入れることが、人々の目標だったからです。そこで企業は、みんなにとって必要だと思われる同じような製品をたくさん作って、たくさん売ることによって、利益を上げることができました。そのような時代には、とにかく労働者を長時間力任せに働かせて、モノをたくさん作れば、企業は利益を上げていけました。だから、家庭から引き離された男性を企業の中で長時間働かせることが慣習になってしまったのです。

しかし、社会が豊かになり、サービス業が中心になりグローバル化が進むと、モノを作れば必ず売れて利益が上がるという時代ではなくなりました。みんな、一通りのモノを持っています。そこで、企業はコストを削減するため、生活必需品は可能な限り賃金が安い海外で生産しようとします。一方、先進国の豊かになった人々は、同じ機能を果たすモノやサービスでも、プラスアルファ、つまり「付加価値」があるものを求め、そのようなものにお金を払うようになります。

プラスアルファの付加価値にはどのようなものがあるでしょうか。たとえば自家用車では、環境に配慮しているとか、デザインがかっこいいとか、おもしろい機能がついているとか、乗り心地がよいとか、さまざまなプラスアルファを売りにした車が開発されています。そして重要な点は、どんなプラスアルファを求めるかは、人によって異なるということです。同じ商品でも、ある人は健康を、ある人は環境を、ある人は特別な機能を、そして中には単なる安さを求める人がいます。どの人にどのような商品が売れるかは、なかなかわからない時代になっています。

そして、そのようなプラスアルファを作り出し、それを欲しい人に提供することに関しては、女性は、男性に比べ経験的に優れた能力を持ち合わせています。

私が通っている歯科医院には独特のサービスがあります。それは、マッサージ師が巡回し、治療中に足裏をマッサージしてくれるのです。院長は女性で、患者さんにリラックスして治療を受けてもらうにはどうしたらいいかを考えた結果、採用したそうです。ただ虫歯が治ればよいと考えるのではなくて、患者の気持ちを思い、患者が望むであろうモノやサービスは何かを考えた結果出てきたサービスです。[*15] 彼女の医院は予約が取りにくいくらい、人気があります。

＊15　ニューエコノミーの提唱者であるロバート・ライシュは、このような能力を「精神分析家的能力」と名づけている。あればよいと人が「潜在的に」望んでいるモノやサービスを、具体化させて明らかにする能力だからである（ライシュ『勝者の代償』）。

では、女性は、新しい経済に必要な能力をどのように身につけたのでしょう。一つのエピソードがあります。ある小学生の女の子が友人の誕生日のプレゼントを買いに行きたいと言うので、父親が付き添った時のことです。女の子は、買うプレゼントがなかなか決まりません。父親がこれにしたらと言うと「○○ちゃんに似合わない」などと言います。ここで、父親は気がつくのです。女の子は、女の子同士のつきあいの中で、誰にどんなプレゼントをあげれば喜ばれるかを常に考えながら行動しています。その経験が、社会に出てから使う側に立った商品の開発や、人を気持ちよくさせるサービスの提供に生かされているのではないか、と。

男性にその能力がないといっているわけではありません。ただ、強ければよいという発想で生きている多くの男性は、子どもの頃から、新しい経済に必要な能力を訓練する機会になかなか恵まれないということです。[*16]

*16　男の子同士で誕生日にプレゼントを贈り合うといった習慣はほとんどみられない。男性が、初めて相手の立場に立ってどんなモノやサービスが喜ばれるかを考え始めるのは、彼女ができたときである。なのに、二〇〇〇年代に入ってから、恋人がいる未婚男性の割合は低下している。これも、問題だと考えている。

そして今は、グローバル化によって商品だけでなく、サービスも国際化しています。日本の商品が海外で売られるだけでなく、日本に来る外国人観光客も増えています。そして、日本的サービスを売りにしたレストランや美容室などのサービス業の海外進出が増えています。その中で注目されているのが、日本的「おもてなし」というサービスです。従来の日本女性があたりまえのように提供してきた、相手の立場に立って考えるサービスが、海外でも注目されているのです。

これが、現代社会において企業で女性を活用しなければうまくいかなくなっている理由です。相手の立場に立って考える商品、サービスを開発するのに大切なのは、女性の登用だけに限りません。今、企業経営の分野では、ダイバーシティという言葉をよく聞くようになりました。ダイバーシティというのは、多様な人材という意味です。今まで、日本企業では成人男性が同じようなものを作ってきましたが、それでは今の経済で利益を上げ続けることはできません。女性や外国人など多様な発想を持った人が、一緒に活躍して新しい商品やサービスを作り出していくという、海外では当たり前になっている生産方式が必要になっています。多様な人材を登用しなければ、日本企業は利益を上げるどころか、生き残りさえも難しくなっているのです。

第3章　女性が活躍できない国の暗い未来

性別役割分業型家族の限界

本章では、このまま女性の経済的活躍が進まなかったとき、日本社会にどのような未来が待っているかを考察していきます。特に、家族にかかわる問題についてみていきます。このまま女性の活躍が妨げられると、日本は少子高齢化が深刻化し、未婚者があふれる社会になります。結婚しても家計は楽にならず、その結果、消費が増えず、経済成長が妨げられます。日本社会はますます停滞を余儀なくされるでしょう。そのような暗い未来を招かないように、女性の活躍を推し進めなければならないのです。

まず、少子高齢化の問題を見て行きましょう。

日本では、いわゆる「少子化」が深刻化しています。合計特殊出生率[*17]が、一・五を割り込む状態が二〇年以上も続き、高齢化率[*18]は、二〇一三年で二五・一％と世界一です。二〇〇六年から、人口減少も始まりました。特に、地方での人口減少は深刻化しています。

＊17　合計特殊出生率は、女性一人あたりが生涯に産む平均子ども数を計算したもの。合計特殊出生率が二・一を下回ると、長期的に人口減少が始まる。日本では、高度成長期は二を超えていたが、一

九九三年以降、一・五以下の超低出生率状態が続いている。二〇〇五年には一・二六にまで落ちたが、その後少し持ち直して二〇一四年は一・四二である。

＊18　六五歳以上人口が総人口に占める割合。日本では、二〇一三年一〇月時点で二五・一％、と四人に一人が高齢者となっている。二〇一〇年の国勢調査でも、二三・一％と高齢化率は世界一である。日本と同じく長期的に出生率低下が続くイタリアとドイツが二一％。出生率が高いアメリカは一四％、少子化が始まったばかりの韓国でも一二％(二〇一三年)程度である。

日本で少子化が長期化した理由には、さまざまな要因がありますが、大きな要因、いや、一番大きな要因は、女性の経済的な活躍の遅れだと私は判断しています。

先進国をみると、女性の活躍が進んでいる国、アメリカやイギリスでは出生率の低下はほとんどみられず、フランスや北欧諸国では一時低下しましたが、女性の経済的な活躍を推進する適切な政策によって出生率は回復しました。出生率が低い先進国は、日本を始めとして、イタリア、スペイン、韓国など、女性の労働力率が低い国ばかりです。「女性の社会進出が進むと、仕事中心の生活となり、結婚して子どもを持とうとする女性が減る」という意見をいう人がまだいます。しかし、先進国の現状をみると、その逆なのです。

では、なぜ先進国では女性が活躍しない国ほど出生率が低いのでしょうか。それは、前章で述べた経済の構造転換に原因があります。工業社会からサービス業中心のニューエコノミー社会に移行するにあたって、高度成長期の工業社会に一般的だった「男は主に仕事、女は主に家事」という性別役割分業型の家族を維持することが経済的に無理、つまりは男性の一人の収入では豊かな家族を維持することが難しくなっているからなのです。

工業社会では、会社の正社員である男性の収入は安定して増加しました。特に日本の高度成長期はそうでした。しかし、ニューエコノミーが浸透するとともに、雇用が流動化します。それは、特に若い人の間で深刻です。正社員として安定的に勤められる仕事の数が減少し、年功序列型賃金が見直され、正社員でも収入の増加が見込めない人が増えます。つまり、若年男性の雇用や収入が不安定化して、先の見通せない状況が生まれるのです。

アメリカや北西ヨーロッパでは、このような状況に対応するために、一九八〇年代から共働きが進展しました。不安定になった男性の収入だけでは不十分だから、女性が仕事で得る収入が家族生活を維持するために必要になります。そのため、これらの国々では、女性が子どもを持ち十分な収入を得ながら働き続けられる環境が整っていったのです。特に、一時的に少子化が起こったフランスや北欧、オランダなどの国々では、保育所を整備するだけでなく、子どもをもつ若い人への経済的支援を行って、不安定な雇用でも安心して子どもが育てられる環境を整えました。家族観も変化し、未婚で子どもを産んでも経済的に生活できる環境が整えられました。その結果、これらの国々では出生率が回復しています。つまり少子化を克服したのです。

日本の少子化は、結婚しない人が増えることによって起こりました。多少下がり気味とはいえ、今でも結婚した夫婦は、だいたい二人の子どもを育てています。しかし、三〇代前半の未婚率は、

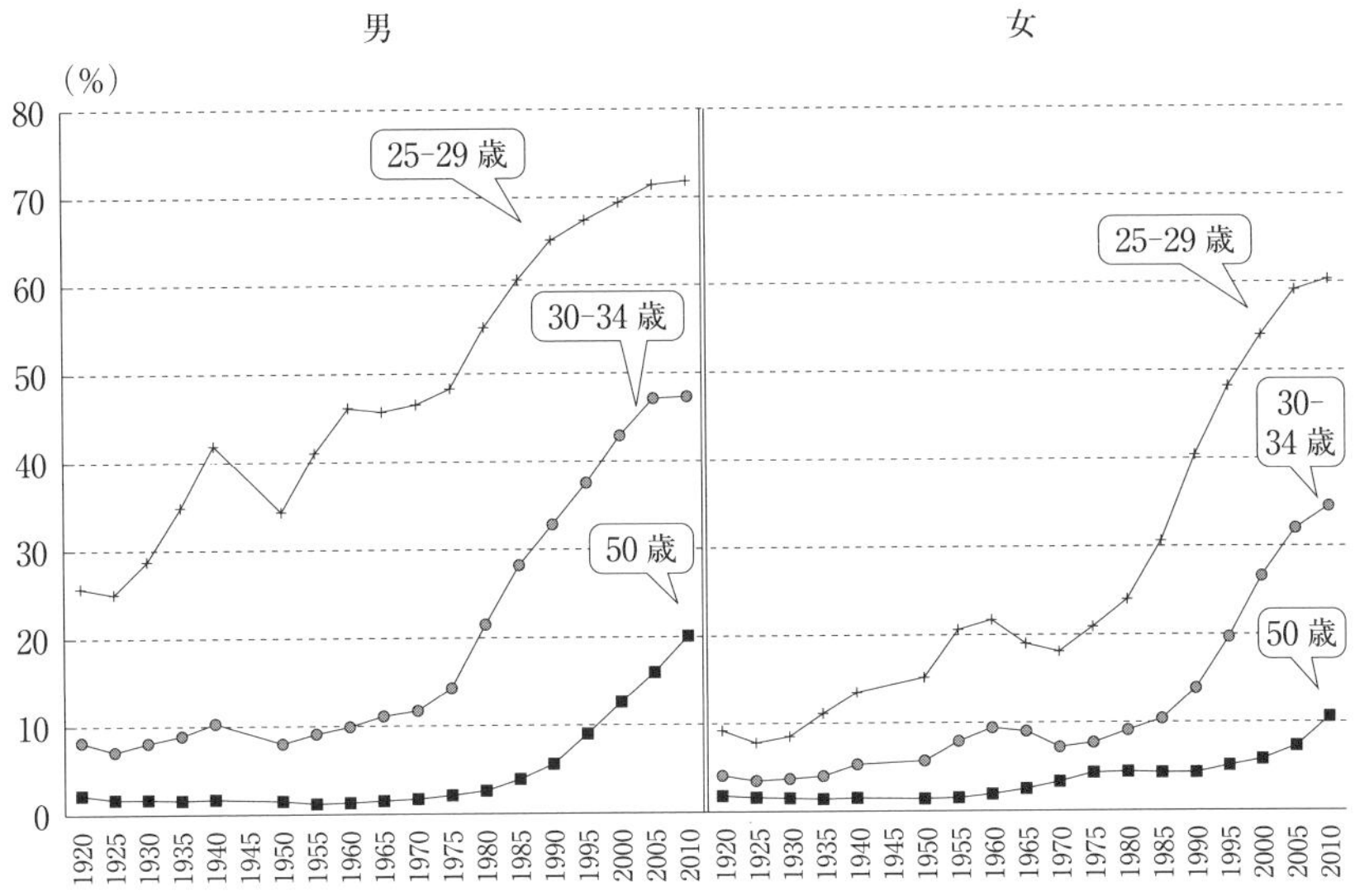

図1　男女別の年齢別未婚率の推移

注：配偶関係未詳を除く人口に占める構成比．50歳時の未婚率は「生涯未婚率」と呼ばれる(45-49歳と50-54歳未婚率の平均値)．

出所：国勢調査

二〇一〇年に男性四六・三%、女性三四・五%となりました(図1)。子育て盛りの年齢層で、男性の二人に一人、女性の三人に一人が未婚ならば、少子化が起こります。日本では、欧米とは違って、同棲や未婚で子どもを出産するケースはほとんどありません。[*19]

＊19　日本では、一八―三四歳の未婚者の同棲率はわずか一・六%(二〇一〇年、国立社会保障・人口問題研究所の出生動向基本調査)である。

では、なぜ、日本では、結婚する人が減っているのでしょうか。

日本では、「夫は主に仕事で家族の収入を支えるべき」という意識が未だ根強いままです。私が加わった調査では、「夫が家計の責任を持つべきである」という質問への賛成率は、未婚女性の間で七二・三%に達しています。[*20] さらに、二〇〇〇年以降、若い女性の中で、専業主婦になりたいという意識は、むしろ強まっているというデータもあります(五八頁の表9参照)。

＊20　明治安田生活福祉研究所「結婚に関する調査」二〇一〇年(対象二〇―三九歳)。『生活福祉研究』七四号参照。また、「子どもが小さいうちは母親が面倒をみるべきである」という設問への賛成率は、六六・六%。

しかし、現実には、一人の収入で妻子の生活を支えられる若年男性は、ニューエコノミーの影響によって減少の一途をたどっています。図2は、未婚者の正規雇用率と無職率の変化を国立社会保障・人口問題研究所の「出生動向基本調査」から再集計したものです。一九九二年は、二五歳以上の未婚男性の八〇%以上は正規雇用でした。しかし、一九九七年から正規雇用が減少し、二〇一〇年には、六割を切っています。また、無職者も一割程度まで上昇しています。つまり、従来の「男は主に仕事、女は主に家事」という性別役割分業家族を望んでも、それが可能な男性(収入が安定している)と、可能でない男性(収入が不安定)に分かれてしまっているのです。収入が不安定な男性は、女性にとって結婚相手として選ばれにくい傾向があります。女性が期待する男性の収入と、男性が期待する女性の収入の間でミスマッチが起こってしまっているのです。

三〇頁の図3を見てください。未婚者が結婚相手に求める年収を聞いたものです。男性は、女性に対して多くの収入を求めていません。六割はこだわらないと回答しています。しかし、女性でこだわらないと答えた人は二割にすぎません。ほぼ三分の二の女性は、年収四〇〇万円以上か、それ以上の収入の男性を結婚相手として求めています。しかし、下の棒グラフに示されている現実の未婚男性の収入を見ると、年収四〇〇万円以上を稼ぐ人は二五%、四人に一人にすぎません。女性がいくら収入が安定した男性を結婚相手として望もうとも、そもそも女性の期待に沿う未婚男性の絶対数が不足しているのです。

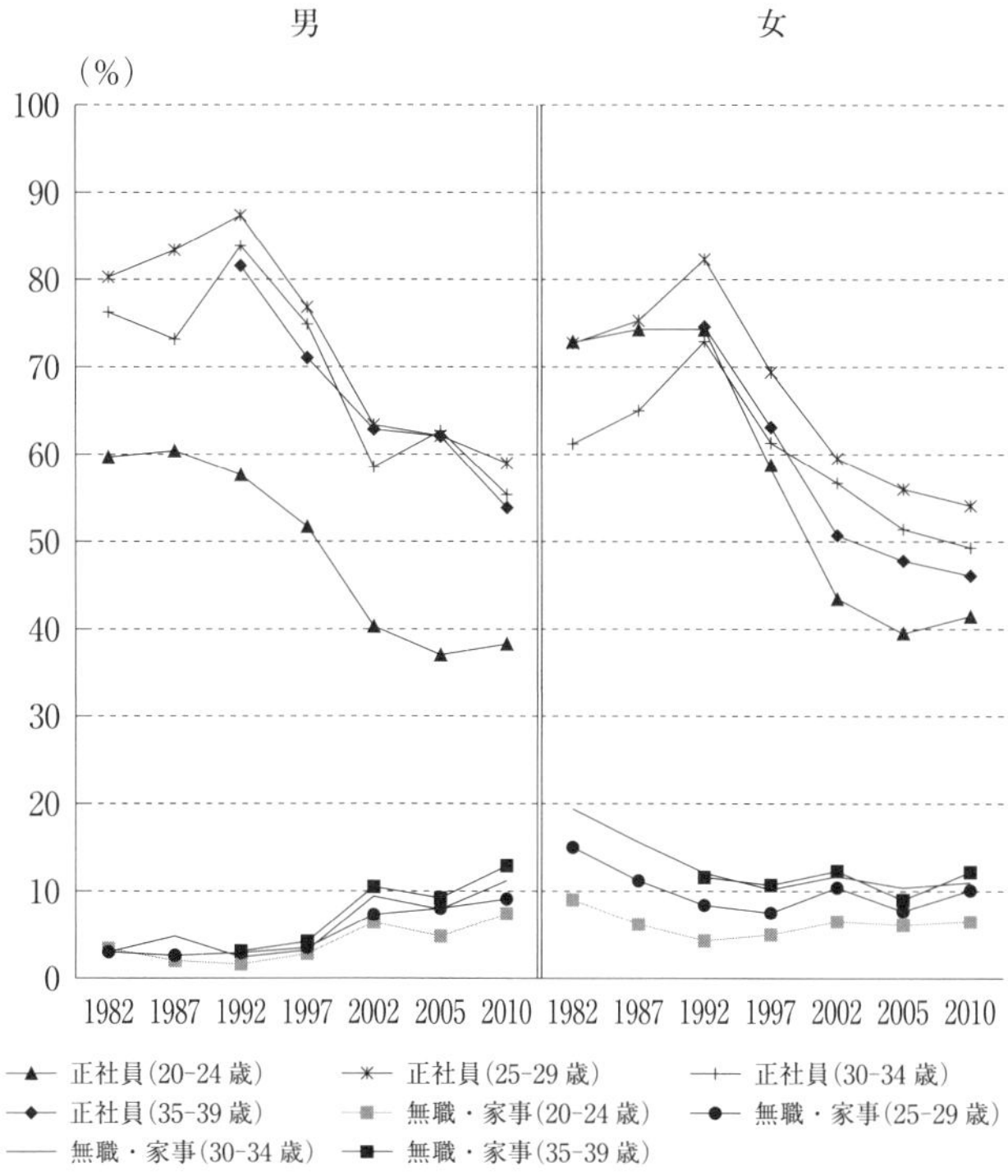

図2　男女別の未婚者の正規雇用率・無職率
出所：国立社会保障・人口問題研究所　出生動向基本調査より再集計

　では、女性が男性を養えばよいではないかと考える人がいるかもしれません。しかし、若年女性の雇用状況は、男性以上に厳しいのです。男女雇用機会均等法ができて、正社員でキャリアを積む女性は増えました。しかし、それ以上のペースで非正規化が進んだため、不安定で低収入の非正規雇用で働く女性が、一九九

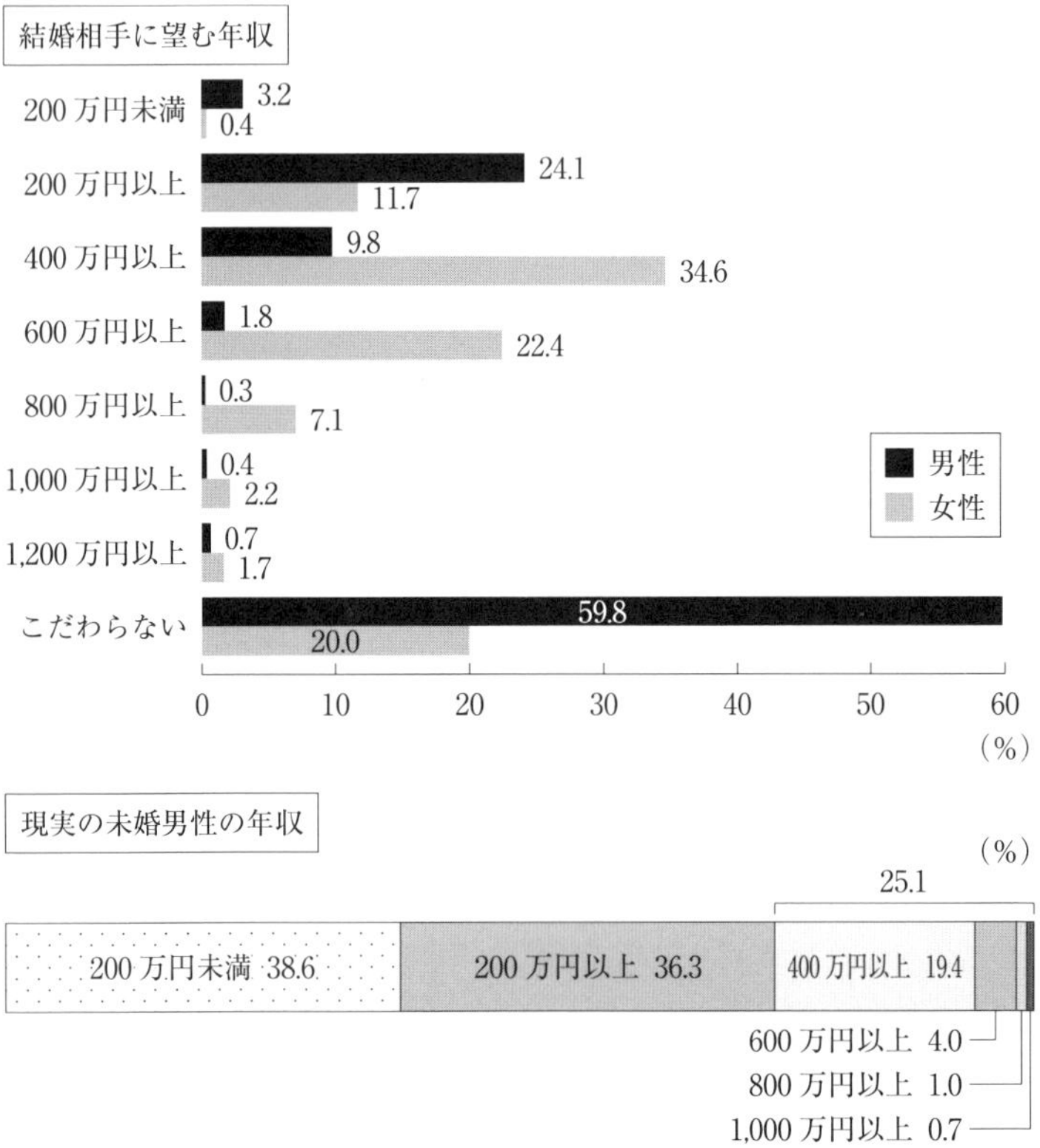

図3　結婚相手に望む年収と現実の未婚男性の年収の比較

出所：明治安田生活福祉研究所『生活福祉研究』74号．データは2010年の「結婚に関する調査」(全国ネット 20-39歳，4120名の未婚者が回答)

○年代後半から急速に増えたのです。収入が少ない非正規雇用者の女性が結婚して子どもを育てる場合、一定程度の生活を営むには、安定した夫の収入が欠かせません。だから、収入が高い男性を結婚相手として望まざるを得ないのです。

正社員の女性であれば、夫の収入が低くてもやっていけるではないかとの意見もあるでしょう。しかし、結婚前に正社員である女性の割合が低下していることをまず押さえなくてはなりません。そして現在の日本では、子どもを育てながら仕事を続ける環境が整っているとは言いかねます。子どもが保育所に入れるかどうかわからない。長時間労働が常態化しているので、子育てに十分な時間が割けないことを考えると、「万一自分が子育てのために仕事を辞めざるをえなくなっても、夫の収入で生活できるようでなければならない」と考えるのは自然です。そのためには、夫の仕事が安定していないと不安です。日本社会全体が性別役割分業を前提にしたシステムなので、女性としても、収入がある程度ある男性とでなければ結婚しないという形にならざるを得ないのです。

日本では、未婚者の大部分は親と同居しています。親と同居しながら、収入が不安定な男性は結婚を諦め、女性は収入が高い男性と出会うまで待っているというのが現状です。

これも、「男は仕事、女性は家事」という性別役割分業意識、特に男性が家族の経済生活を支えるべきだという意識に囚《とら》われ、かつ、女性が結婚や出産で働き続ける環境が整っていないから結婚が少なくなるのです。つまり、男女共同参画が進んでいないことが、日本の少子化の大きな原因となっているのです（詳しくは、拙著『少子社会日本――もう一つの格差のゆくえ』岩波新書、二〇〇七年を参照してください）。

親同居未婚者の今後

前項で「子育てしながら女性が働ける環境が整っていないこと」、そして「男性が仕事、女性が家事」という意識が根強く残っていることが、少子化の大きな要因だというロジックを示しました。若い人の雇用が不安定化する中で、妻子を養って豊かな生活を送る収入を得ている未婚男性の数が激減しています。一人の男性の収入で結婚して子どもを育てて人並みの生活を送れる「可能性」が減っているのです。

では、結婚していない人はどうしているのでしょうか。独身者と聞くと一人で自立して生活している人を想像しますが、欧米とは違って[*21]、日本では一人暮らしの未婚者は少数です。二〇歳から三四歳までの未婚者の八割近くは親と同居しています。私は以前、親元で暮らす豊かな未婚者を「パラサイト・シングル」と名づけましたが、今では、収入が少ないので独立しようにもできず、親と同居をせざるを得ない未婚者が増えています[*22]。

＊21　欧米（イタリアなど南欧を除く）では、成人したら男女とも親元を離れて独立することを求められる。一人で暮らすより、二人で暮らす方が経済的に効率的だから、結婚、同棲、そして、ルームシェアが増える。一緒に暮らすうちに子どもが生まれるケースも多い。一方、未婚者が親と同居する

慣行が強い南欧や東アジア諸国では、少子化が深刻化する。ただ、最近は、アメリカでも親と同居する未婚者が増えているとの指摘もなされるようになった（キャサリン・ニューマン『親元くらしという戦略――アコーディオン・ファミリーの時代』萩原久美子・桑島薫訳、岩波書店、二〇一三年）。そのような意味でも日本は課題先進国だと言えよう。

＊22　一九九七年に私が「パラサイト・シングル」という言葉を作った時点までは、経済的には自立できるのに、あえて親元に住み続け、自分の収入を小遣いとして使いリッチな生活を楽しむ独身者が多かった（拙著『パラサイト・シングルの時代』ちくま新書、一九九九年）。そのころまでは、男女とも未婚者の大部分は、正社員（公務員）であった。しかし、一九九八年以降、未婚者の正社員率は男女とも劇的に低下し、低収入ゆえに親と同居しないとまともな生活ができない親同居未婚者が増えたのである（拙著『パラサイト社会のゆくえ――データで読み解く日本の家族』ちくま新書、二〇〇四年）。

私は、二〇〇〇年頃から、正規雇用でない未婚者のインタビュー調査を続けてきました（『希望格差社会――「負け組」の絶望感が日本を引き裂く』筑摩書房、二〇〇四年参照）。「将来の希望は」と聞くと、ほとんどの非正規雇用の女性は、「結婚して主婦になって子どもを育て、夫が引退後は趣味で暮らしたい」などと、伝統的な性別役割分業型の家族を作りたいと答えていました。非正規の仕事では収入が低く、昇進も見込めず、雇用継続の保証もありません。だから、親と同居しながら、せめて収入が安定した男性と出会うことを望んでいるのです。もちろん、希望が叶《かな》い主婦になるケースもあります。しかし、前項で述べたように、そのような男性の数には限りがありますから、親と同居したまま、年齢を重ねる人も多数残ることになります。[*23]

＊23　イギリスの学会でこのことを報告した時、イギリス人教授から、「なぜ、日本人女性は確率が低いと分かっていても、高収入男性を待ち続けるのか？」と質問されたことがある。「人生をかけてギャンブルしているのだ」と私は答えた。石田衣良さんは小説『コンカツ？』（文春文庫、二〇一五年）の中で、確率が低くても結果が思い描きやすいものに惹《ひ》かれてしまうことについて書いている。可能性はゼロではないのだから、自分はそうなると信じて行動している人を説得することはなかなか難しい。

一方、非正規雇用の男性は結婚を諦め始めています。「どうせ、俺の収入では結婚してくれる相手はいない」という声を何度も聞きました。「結婚相手が自分の母親のように家で働きづめで、生活も楽にならないのをみるのはかわいそうだ」と言う自営業の跡継ぎ男性もいました。男性も、女性と同じように伝統的で、結婚するなら自分の収入で一家の生活を支えなくてはならない、できないから自分は結婚できない、と思い込んでいるのです。

親はもっと保守的です。いくら本人同士がよくても、娘の親は正社員ではない男性との結婚をなかなか認めませんし、息子の親は、嫁は家事・育児・介護を全部するのが当然と考えている人がまだ多いのです。これでは、少子化は止まりません。

少子化対策のため、若年者の雇用状況を改善することは当然ですが、「男は仕事、女は家事」という固定的な意識も変えていかなければ、結婚は増えません。伝統的な性別役割分業の家族が

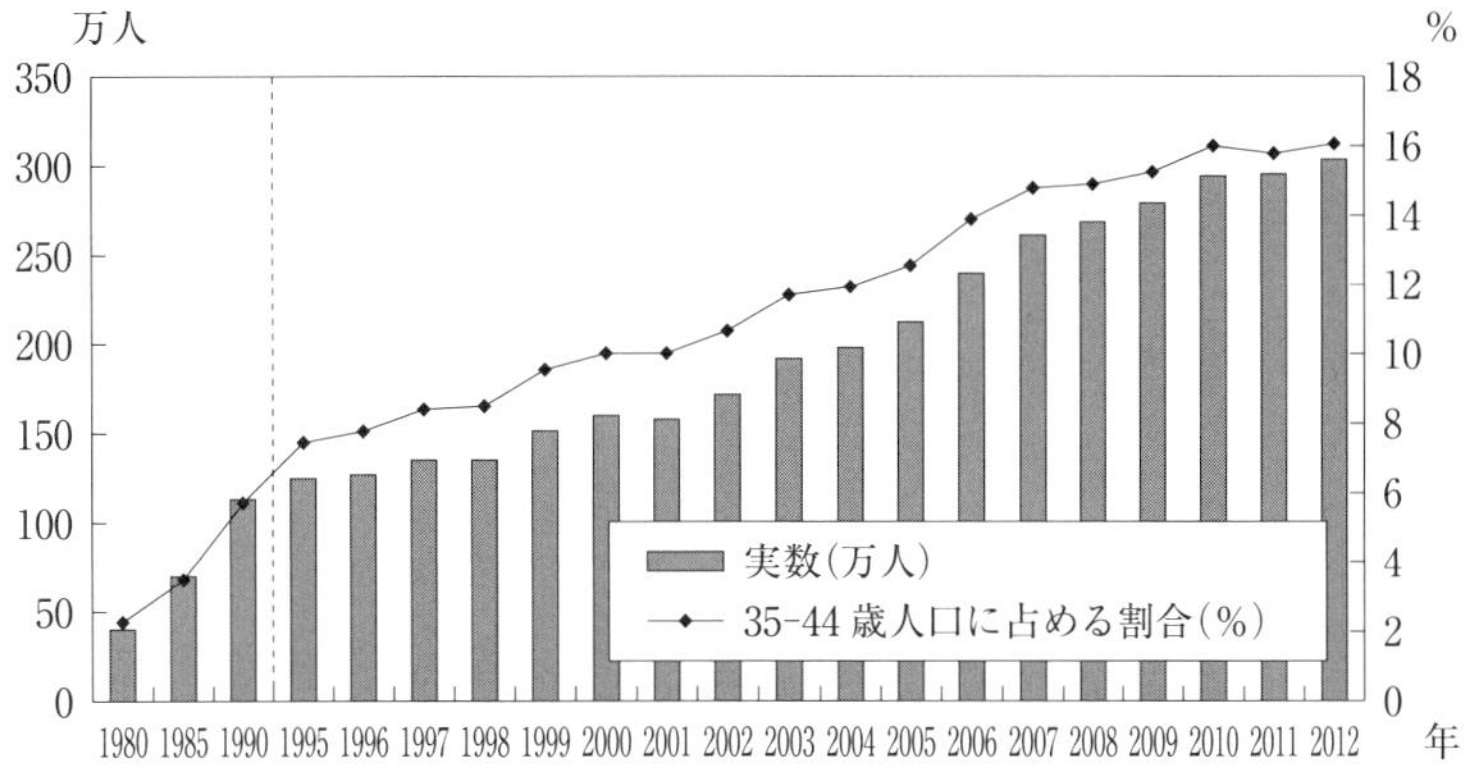

図4　親と同居の壮年未婚者(35-44歳)数の推移(全国)

注：上図は各年とも9月の数値である.
出所：統計研修所，西文彦「親と同居の未婚者の最近の状況 10」

いけないというわけではありません。でも、多くの人がそのような家族を作れなくなっているのも事実です。若者が男女ともに非正規雇用であっても、子どもを育てて人並みの生活ができるような環境を整える必要があるのです。

今、中年親同居未婚者が増え続けています。三五歳から四四歳までで親と同居している未婚者は、二〇一二年現在、三〇五万人います(図4)。その中での失業者や非正規雇用者の比率は、同世代の既婚男性や一人暮らしの人に比べ高いことが分かっています。その人たちは、今は七〇歳前後の親の家に住み、親の年金があるので生活できます。しかし、この中年親同居未婚者の生活は持続可能ではありません。数十年後、親が亡くなり住宅が老朽化したときにどうなるのか、実は誰も想像できないのです。低収入、そして低年金で孤立し、頼れる家族がだれもいない高齢者が今後急速に増えていきます。このままだと、きっと大きな社会問題になるでしょう。

亡くなった時に遺体を引き取る家族がいない、いわゆる「孤立死」は、年に約三万人以上に上ると言われています(NHKスペシャル取材班『無縁社会』文春文庫、二〇一二年)。このまま未婚化が進めば、二〇年後には、孤立死の人数は年二〇万人以上になると私は予測しています(拙著『「家族」難民――生涯未婚率二五%社会の衝撃』朝日新聞出版、二〇一四年)。

将来起こる可能性が高いシングル化に伴う社会問題を防止するためにも、男女共同参画社会の実現が必要なのです。

女性の収入が家族生活には不可欠に

前項では、未婚者の状況を中心に、「男は仕事、女は家事」という性別役割分業意識が未婚化を招いていることを説明してきました。ただ、結婚して生活できているからと言って、女性の経済的活躍が必要でないというわけではありません。

今まで、女性の経済的活躍という時に取り上げられたのは、仕事上の問題でした。経済学では、女性の活躍が企業や日本経済に対して、どのようなメリットがあるかを研究するのが中心です。一方、社会学の分野からは、既婚女性が働きやすいように、夫の家事分担や育児の社会化などの面から研究が進められてきました。しかし、どちらにしても、女性が働くことが家族にどのような経済的なメリットをもたらすかについて、あまり関心が払われてきませんでした。

ここでは、日本で既婚女性が経済的に活躍していないことが、家族にとってデメリットをもたらしていることを考察していきます。

いわゆるバブル経済が崩壊したのが一九九一年頃です。以後、日本経済は相対的に停滞していきます。一人あたりGDPの伸びはたいへん低くなっています。中でも、子どもを育てている現役世代では、収入が低下しています。表3は、「全国消費生活実態調査」を再集計したものですが、未就学児を養育する世帯の収入は、一九九〇年代後半から、増加どころか、減少に転じていることが分かります。その間に、税金や社会保険料負担が増えているので、可処分所得はもっと減っています。

表3　未就学児を育てている世帯の実質年収

（単位＝万円）

	1984	1989	1994	1999	2004
未就学児世帯	509	553	595	580	553
うち母子世帯	236	230	296	242	211

注：数値は中央値．2005年の物価水準で調整済み．
参考資料：『未就学児のいる世帯の家計状況について』全国消費生活実態調査の個票分析から（山田昌弘，金原あかね）．
出所：総務省統計研修所リサーチペーパー 29号

この影響は、単に個々の家計が苦しくなるということにとどまりません。GDPの大部分を占める内需で最も大きな要素を占めるのは、民間消費です。消費の主体は「家計」です。そして、家計消費は世帯数×一世帯あたりの消費水準で決まります。少子化、特に未婚化によって、現役世代（世帯主が六五歳未満の世帯）の世帯数はなかなか増えません。前項で述べたように、日本では一人暮らしの若者は少数派で、大部分の未婚者は三〇代、四〇代になっても親と同居し続けます。今、急増している単身世帯は、相対的に消費が不活発な高齢者世帯です（山田昌弘・塚崎公義『家族の衰退が招く未来――「将来の安心」と「経済成長」は取り戻せるか』

東洋経済新報社、二〇一二年)。

では、現役世帯の消費はどのようになっているのでしょうか。女性の経済的活躍は、どのように家計の消費に影響を与えるのでしょうか。総務省が行っている「全国消費実態調査」をもとに、共働き世帯と専業主婦世帯では、どのように世帯年収と消費パターンが異なるかを分析してみました[*24](表4、5)。

＊24 総務省統計研修所、平成二三年度共同研究報告会資料。表4、5とも、全国消費実態調査(二〇〇九年)の個票を筆者と苫米地伸(東京学芸大学准教授)、金原あかね(大阪成蹊大学非常勤講師、当時)が分析したものである。どちらも、夫婦とも六〇歳未満の核家族世帯を対象にしている。

すると、夫婦とも正社員(正規公務員を含む)で働く共働き世帯(「正規共働」と略記)と、夫が正社員であっても妻が非正規社員(非正規公務員も含む)の共働き世帯(「非正規共働」と略記)では、その消費パターンが大きく違っていることが分かりました。平均年収は「正規共働」世帯が、「非正規共働」世帯の一・五倍あります。「非正規共働」は、「専業主婦」世帯と年収はそれほど変わりません(表4)。ちなみに、夫の平均収入は、「専業主婦」で最も高く、次いで「正規共働」、「非正規共働」の順です。

次に、消費の内容をみていきましょう(表5)。家計分析で

(単位＝円)

教育	娯楽	その他
25,507	39,462	94,403
37,723	31,432	72,834
23,295	33,065	62,294

表 4　家族就労形態別世帯年収

（単位＝万円）

	正規共働 夫婦とも 正規雇用	非正規共働 夫は正規雇用 妻は非正規雇用	専業主婦 夫は正規雇用 妻は無職	自営共働 夫婦とも 自営業に従事	その他 夫が非正規雇用 など
中央値	900	674	620	560	450
平均値	1001	722	685	707	521

表 5　家族就労形態別，月額平均消費支出

	食料	住居	光熱	家事	被服	保健	交通
妻正規共働	76,263	20,247	18,661	9,617	19,068	12,544	61,090
妻非正規共働	69,999	18,305	18,879	8,592	13,305	10,828	52,893
専業主婦	67,913	22,261	17,857	9,440	13,905	12,349	49,730

は、消費を一〇の項目に分類しています。[*25] 項目ごとにみると、非正規共働世帯の消費は、教育費を除けば、専業主婦世帯の消費水準とほとんど変わりません。教育費だけが「専業主婦」世帯に比べ突出して多くなっていますが、逆に娯楽費などは少なくなっています。つまり、非正規で働く妻の収入は、夫の収入が相対的に低いなか、教育費に回り、他の支出はあまり増えないのです。

＊25　食料（食料品購入、外食費など）、住居（家賃やリフォーム代など）、光熱、家事（洗剤など日用品）、被服、保健（医療費、薬代など）、交通（交通費、電話通信代、自家用車など）、教育（授業料、パソコン、本代など）、娯楽（旅行、趣味用品購入、映画代など）、その他（小遣い、交際費など）。

しかし、妻が正社員の場合は、消費構造ががらっと変わります。光熱や家事、保健などの項目はあまり変わりませんが、「被服」が専業主婦や非正規共働世帯の一・五倍になっているのを始め、「交通」「娯楽」「その他」などが大幅に増え、「食料」も多くなっています。この傾向は、年齢や子どもの有無などで調整しても変わりません。細かく見れば、食料であれば「外食費」、被服であれば「洋服」、交通であれば「自家用車」、娯楽であれば「旅行」、そして、その他の項目では、「小遣い」に多く支出しているのです。

高額のものを消費することがよいこととは限りませんが、少なくとも、正社員同士で共働きしている世帯は、グレードの高い消費生活を楽しんでいることがわかります。その結果、グレードの高い商品とサービスへの需要が生まれます。すると、それらの商品やサービスを提供する企業活動も活発化することになります。

次項で述べるように、日本では共働き夫婦が増えたといっても、妻が非正規である場合が大部分を占めます。働くことには変わりないと言っても、その収入は増えない夫の収入を補い、増大する教育費に使われるだけです。それゆえ、夫婦ともに正社員であるような共働きを増やすことが家計を豊かにし、消費需要を活性化させて、日本の経済成長を軌道に乗せる鍵なのです。

逆に、女性の経済的活躍がこのまま進まず、結婚して子どもを育てている女性が正社員として働く環境が整わなければ、個々の家庭から楽しさが失われるだけでなく、日本経済全体からも活気が失われるでしょう。

増えないフルタイム共働き、減り続ける小遣い

前項で、夫婦とも正規雇用の世帯では、高額商品の消費が活発なのに、同じ共働きでも妻が非

正規雇用の共働きでは、教育費を除けば片働きの専業主婦世帯と消費実態は変わらず、全体として、消費は不活発になっていることを示しました。

確かに、夫婦共働き家庭は増えています。既婚女性の就労率は上昇しています。しかし、その中身をみると、増えたのは妻のパートなど非正規雇用の就労であって、フルタイム同士の共働きは、ほとんど増えていないのです。

表6は前項でも示した二〇〇九年の「全国消費実態調査」のデータを再集計したものです。全体で見れば、核家族世帯（二〇―五九歳）での既婚女性就労率は四五・六%ですが、内訳はパートや自営業の家族従業者などが三〇・四%で、正規雇用者は一五・二%にすぎません（ただし、三世代家族などを除いた核家族世帯に限っているので、ここでの就業率は、実際の全既婚女性の数字よりも低く出ています）。就業率は年齢とともに上昇します。しかし、見て分かるように正規雇用で働く既婚女性（核家族二〇―五九歳）の比率は、年齢層によってほとんど変わらず、一五%前後です。二〇〇九年の時点では、未だ出産とともに退職し、出産後パート等で再就職するというパターンが主流であることがわかります。

表6　既婚女性の就労率

（単位＝%）

年齢	就業率	（うち正規）	正規雇用のうち官公庁割合
20 未満	12.2	(―)	
20-24	40.0	(16.2)	14.8
25-29	42.6	(15.8)	18.6
30-34	43.5	(15.4)	24.9
35-39	48.4	(14.7)	31.2
40-44	59.1	(14.6)	31.1
45-49	63.9	(15.8)	25.5
50-54	63.4	(16.8)	35.8
55-59	55.3	(13.6)	29.1
平均	45.6	(15.2)	

出所：総務省統計研修所　平成23年度共同研究報告資料－全国消費実態調査（2009年）の個票を山田と苫米地伸で再集計

確かに、一九八五年に男女雇用機会均等法が成立し、育児休業も整備されて、出産後も働き続ける環境が整い始めています。しかし、一九九〇年代は、女性の職場進出が進むとともに、「非正規化」も進んだのです。さらに少子化の影響で、新卒教員の採用数が減りました。若い世代の女性に関しては、出産後も民間企業で正社員として働き続ける環境が一部で整っても、そもそも出産前に正社員や教員として働いている女性の数が減りました。そして、出産前に非正規雇用だった女性は、出産によって退職せざるを得ません。そして、一度退職すれば、正社員(公務員)として再雇用される道はたいへん狭いのです。

核家族でフルタイム共働き率がもっとも高いのは、五〇代前半(二〇〇九年当時)で、その三分の一以上が教員か公務員でした。教員や公務員は昔から、育児休業制度があったり保育所に入りやすかったりしたため、既婚女性が出産後もフルタイムで働き続けやすい職場でした。結婚、出産後も民間で正社員として働き続ける女性が増えるなか、教員や公務員で正規職員として働く女性の数が減ったので、結果的に効果がオフセットされて、フルタイム共働き率は若い世代で増えていないのです。

その結果、どのようなことが起こったでしょうか。現役男性の収入は、ここ二〇年の間にほとんど増えず減少傾向にあります。その中で、教育費や住宅ローンなどの支出が増え、家計を維持するために、パート等非正規で働きに出る既婚女性が増えただけともいえます。だから、共働きは増えても家計消費は活発化せずに、マクロ経済の内需拡大にはほとんど貢献しなかったのです。

そして、この二〇年の経済停滞によって最も打撃を受けたのは、実は、家計を支え続けている夫たる男性でした。先に、男性の雇用が不安定化し、結婚相手として選ばれにくい男性が増えていることが少子化をもたらしていることを示しました。結婚後も男性の受難が続きます。それは、小遣い額に端的に表れます。新生銀行がサラリーマンの小遣い額調査をほぼ毎年行っています[*26]（表7）。それによると、一九九一年の平均小遣い額は月額七万六〇〇〇円と最高を記録しました。しかし、バブル経済崩壊以降、減少傾向が続き、二〇〇五年には、四万六〇〇〇円となり、二〇一四年には、三万九五七二円と、一九九一年のほぼ半額となっています。これは昼食代も含んでいるので、それ以外の支出の減少率はたいへんなものです。学生たちにこの額を示したところ、ある学生は、「私がバイトで稼いだ小遣い額より少ない」と言っていました。

＊26　調査対象のサラリーマンには未婚者も含まれるが、大部分は既婚男性であるため、このデータを用いた。

これも、男性一人の収入で生活を支えるという実態の結果であることは間違いありません。表5で見たように、消費支出の中で小遣いが含まれる「その他」項目の額は、「正規共働」九万四四〇三円、「専業主婦」六万二二九四円、と三万円以上の開きがあります。その三万円が夫の小遣いに全部回るとは限りませんが、妻がフルタイムの場合は、夫の小遣い額が相当増えるだろうと考えられます。女性の経済的活躍が、夫のためになることは間違いないのです。逆に言えば、既婚女性の収

表7　サラリーマンの平均小遣い額

（単位＝円）

1985	50,700
1991	76,000
1995	58,700
2000	60,300
2005	40,600
2010	40,600
2011	36,500
2012	39,600
2013	38,457
2014	39,572

出所：新生銀行調査

入が必要不可欠のものになっているのにもかかわらず、女性が経済的に活躍できる環境が整っていないことが、夫の小遣い減少につながっているのです。

女性の活躍が進んでいる海外と比較してみましょう。二〇一〇年に、既婚男性の小遣いの国際比較調査を実施しました。大都市のサラリーマンの比較ですが、収入に占める小遣いの割合が、日本は比較対象の他国に比べ相当低くなっています(表8)。その最大の理由は、欧米や中国ではフルタイムの共働きが一般的なので、収入の相当の部分を自由に使えるからです。そして、その使い道で大きな割合を占めているのが、プレゼントでした。欧米では、結婚記念日や互いの誕生日にプレゼントをする習慣があります。共働きが一般化して小遣いが十分なので、夫婦間のプレゼントが可能になるのでしょう。逆に、小遣いが少ない中では、夫婦のコミュニケーションも活性化しないのではないでしょうか。日本の夫婦間のコミュニケーションは欧米に比べて低調だと言われています。多少飛躍気味ですが、女性の経済的活躍は、プレゼントという回路を通して、夫婦間のコミュニケーションを活発化させるのかもしれません。

表8　男性の消費実態調査

1．男性年収に占める小遣い額(上位6割値，当時の為替レートで円換算)と収入に占める割合

	日本	中国	アメリカ	イギリス	イタリア
円換算額	4.0万	3.5万	8.0万	6.5万	3.5万
収入に占める割合	8%	35%	12%	19%	14%

2．調査対象者に占める夫婦フルタイム共働きの割合

	日本	中国	アメリカ	イギリス	イタリア
男性収入に占める割合	22%	64%	67%	49%	46%

注1：調査都市は，日本＝首都圏，アメリカ＝ニューヨーク，中国＝北京・上海・香港，イギリス＝ロンドン，イタリア＝ローマ・ミラノ．
注2：調査対象者は，30-69歳の男性，各国400人強．
出所：クロス・マーケティング，2010年5月調査

性別役割分業家族の限界

結論としては、「男は主に仕事、女は主に家事」という性別役割分業家族が、今、限界を迎えているということです。

日本社会は、性別役割分業家族を形成、維持できることを前提に社会が組み立てられ、そして、それが当然であるという意識が根強く残っています。しかし、新しい経済の時代に入ると、その限界がはっきりしてきました。若年男性の収入が不安定化する中、結婚したくてもできない若者が増え、また、結婚後も家計に余裕がない世帯が増えているのです。一九九〇年ごろまでは、既婚女性のパート就労で家計を補うというありかたで対応できていました。しかし今、それも限界に来ているということです。

別に専業主婦がよくないと言っているわけではありません。良し悪しとは別問題で、「男は主に仕事、女は主に家事」ということを前提にしている制度や意識が、女性の経済的活躍を妨げ、日本の少子化問題を深刻化させているということです。家計はなかなか楽にならず、男性の小遣いも少なくなっています。それは、内需を縮小させ、日本経済にも悪影響を及ぼしているのです。

このまま、女性の活躍が進まなければ、日本が、暗い未来を迎えることは間違いありません。

第4章　なぜ女性の経済的進出は進まないのか

女性の経済分野での活躍を阻むもの

前章まで、日本では、管理職など指導的立場に立つ女性は世界的にみて少ないこと、管理職どころか、フルタイムで働く既婚女性も少ないことなど、経済的に活躍する女性がなかなか増えないという現実を示しました。そして、女性の経済的活躍の立ち後れが、企業業績が伸びず、少子化をもたらし、消費が停滞するなどさまざまな点で、日本経済の足を引っ張っている現状を説明してきました。

逆に言えば、女性が活躍することができれば、企業も活性化し、少子化は反転し、消費も活性化することになります。ではなぜ、女性が活躍することができないのでしょうか。一九八五年に男女雇用機会均等法が成立して、もう三〇年経ったのに、です。

日本では、女性の国会議員比率は一〇%前後で、管理職女性比率も一〇%からなかなか増えず、フルタイムで働く既婚女性も一五%(二〇〇九年)で頭打ちという数字は、奇妙に符合します。つまり、一割という数字は、「珍しくはないけれど、例外ケース」と見なされるのです。男性一〇人に女性一人という割合です。野球でも打率一割という数字では、レギュラーメンバーから外れてしまいます。せめて、二割五分以上の打率がなければ、普通の打者とは見なされません。

現在の第三次安倍晋三内閣を含め、歴代内閣は、指導的地位につく女性を三〇％以上、つまり、男性二人に女性一人という目標を掲げてきました。しかし、いくら女性の活躍というかけ声をかけても、「現行のシステム」を前提とする限り、政治的、経済的に活躍する女性は、一〇％を大きく超えることはないと思います。

つまり、おおざっぱに言って、男性は一〇人中九人は、自分の能力に応じた仕事につき、経済的に活躍できているのに、女性は一〇人中一人しかいないという状況なのです（当然、男女の潜在的仕事能力は同じと考えます）。せめて、経済的に活躍する女性の割合を一〇人中五人以上に引き上げようというのが、指導的地位に就く女性割合三〇％以上なのです（たとえば一四人の会議で男性が九人、女性が五人とすると女性の比率は三五％）。

では、女性の経済的活躍を阻む現行のシステムとはなんでしょうか。それは、「男性が主に仕事、女性が主に家事」ということを前提に作られた「雇用慣行」「社会保障制度」「家族に関する社会意識」からなる一連のシステムです。

具体的にいうと、雇用慣行は、正規・非正規の大きな格差、正社員の新卒一括採用、年功序列の昇進システム、正社員の長時間労働などを含んだ現在の日本社会で一般的に普及している雇用慣行です。社会保障制度は、税制における配偶者控除や、年金の三号被保険者のようにお金に関わる制度から、子育てや介護に関わる制度です。そして、家族に関する社会意識は、画一的な同調志向、高い家事水準など人々の意識にかかわるものです。これらの制度が、「主に男性が仕事をし、主に女性が家事をする」という前提で作られているために、そこから外れることが、経済的にも社会的にも心理的にも難しいのです。

この三つの領域は、相互に関連しています。人間が生活していく上で関わっていくこれらの社会制度の組み合わせがスクラムを組んで、女性の経済的活躍を邪魔しているのです。そして、一つの制度の一つの部分を変えようとしても、他の制度が阻害要因となって、なかなか変わらないのです。

では、今の日本の社会システムがどのように女性の経済的活躍を阻んでいるのか、順に見ていきましょう。

専業主婦がいることを前提とした雇用慣行

女性の経済的活躍を妨げている大きな要因は、日本的雇用慣行です。戦後の工業中心の時代に形成された雇用慣行で、現在まで続いています。それは、正規雇用と非正規雇用の大きなギャップ、そして、正社員（正規公務員含む）の「新卒一括採用」「終身雇用」「年功序列」「企業内訓練」と、その結果としての正社員の「長時間労働」慣行です。これらの日本的雇用慣行は、ばらばらにあるのではなく、それが一体となって、女性の活躍を妨げます。

なぜならこれらの慣行は、「正社員には専業主婦がいる」ことを前提として作られているからです。正確には、「家事・育児責任がない」ことを前提として、経営者は正社員を雇っているということです。

まず、日本では、正社員（公務員では正規職員）で採用された人（正規雇用者）とそうでない人（非正規雇用者）との間に、地位上の大きなギャップがあることを押さえておきましょう。それは、単に収入の差だけの問題ではありません。正社員（以下、特に断りなければ正規公務員、教員等も含む）であれば、雇用期間の定めがなく、定年までの雇用が期待できます。一方、非正規雇用であれば、仕事を失う可能性に常に晒《さら》されています。さらに、企業・役所の方も、正社員の能力を引き出そうと、さまざまな教育訓練を施して、育てようとします。一方、非正規社員に対しては、企業も期待せず、教育訓練はほとんどなされません。

つまり、日本では、企業・役所に勤め、自分の能力を発揮して職場で活躍するには、つまり、キャリアを積むには、「正社員」でなければならないのです。そして、正社員になり、正社員であり続けるには、女性はたいへん不利です。なぜなら、日本の正社員は、「家事・育児責任」がまったくないように振る舞うことが求められているからです。つまり、仕事の都合を最優先にすることが当然だと思われています。家事・育児の都合で仕事を後回しにすることは許されないシステムです。そして、これは、男女かかわりなく、キャリアコースにある正社員に求められることなのです。

男女とも独身者であれば、家事・育児に時間を多く割く必要はあまりありません。そして、結婚して子どもを育てていても、正社員男性に「家事・育児責任」があるとは思われていません。なぜなら、彼には、妻＝主婦がいて、家事・育児責任をもっぱら引き受けてくれるはずであると思われているからです。

逆に言えば、「家事・育児責任」がある人にとっては、男女を問わず、企業で正社員であり続けることに困難が待ち構えています。しかし、育児や介護の責任は、家族ではもっぱら女性の役割だと思われています。それゆえ、一生を通じての働き方の中で、そして、毎日の働き方の中で、女性が「正社員であり続けること」は、大変な困難が伴うことになってしまったのです。

日本は、先進国の中では男女とも長時間労働がもっとも多い国です。短時間労働者や非正規雇用者が増えているので、平均すれば長くはないですが、正社員に限れば、先進国一の長時間労働です。それ以上に、正社員には長時間労働を断る自由がないことが問題です。週五〇時間以上働く労働者の割合は、男性は四〇％、女性でも一〇％を超えます。アメリカですら男女とも一〇％未満ですし、ヨーロッパ諸国ではもっと少ないです。日本の正社員女性は、先進国の中ではもっとも長時間労働しているのです。

私は、短時間正社員のシステムの実現を成し遂げたオランダでヒアリングをしたとき、長時間労働者はいないのかという質問に、オランダ元労働組合連合議長のロ・デ・ワールさんは、もちろん仕事が好きで働く人もいる、けれどそれを強制されることはない、と答えていました（このインタビューは『雇用不安のない社会を作る』として、二〇〇八年七月二六日、ＮＨＫ-ＢＳで放映されました)。つまり、「家事・育児責任」がある人であっても、自分の仕事能力を最大限活かすことができるのです。

日本は、正社員である限り、突然の残業を命じられるても断りにくい、他の人が働いている時に自分だけ早く帰れない、上司や同僚によく思われない、出世に響くなど、長時間労働を避けて昇進してキャリアを積むことは「慣習的に」ほとんど不可能です。だからといって、労働効率がよいわけではありません。ワークライフバランスが徹底しているヨーロッパの方が、労働生産性は高いのです。日本では、長時間労働する必要がない人まで、長く勤務する慣行ができあがっています。

その上、東京など日本の大都市部では世界一長い通勤時間も加わります。それで成り立ってきたのは、正社員男性には専業主婦がいて、家庭責任を負わないで済んできたからです。となると、女性は、自分の母親に家事・育児のサポートを頼めるなどの幸運に恵まれない限り、結婚して子どもを育てながら、キャリアコースにはなかなか乗れないのが実情です[*27]。

＊27　アメリカやアジアの新興国では、夫婦で長時間労働を「選択」する人は、家事使用人(多くは外国人女性)を雇うことによって対応している。

欧米でもアジアでも、管理職であっても原則的には定時に帰ります。もしそうでない職場があれば、優秀な人材は転職して出て行ってしまうでしょう。日本の年功序列慣行のもとでは、転職して別の所で活躍する道が見えないので、キャリアを積むためには、長時間労働を甘受するしかないのです。

次に、一生を通じた働き方をみてみましょう。

まず、日本の多くの企業、特に大企業では、正社員の「新卒一括採用」が行われます。つまり、在学中に内定を出し、卒業と同時に企業に勤め始めます。[*28] 原則、終身雇用で、自分で辞めない限り、定年まで勤め続けることができます。そして「企業内訓練」で仕事能力をつけて、「年功序列」慣行で、勤務年数を重ねるにつれて社内で昇進していくというシステムです。これが、日本で一般的にいわれる「キャリアコース」です。

＊28　近年、第二新卒などと呼ばれ、大学卒業後一、二年は新卒と同じように扱うという企業も増えてきた。しかし、多くの公務員採用試験では、年齢制限がある。つまり、若いうちに正社員、公務員になれなければ、企業や役所内でキャリアコースに乗ることはほぼ不可能なのである。転職も増えてきたとはいえ、他の企業等でキャリアコースに乗っていた人を採用するのであって、非正規雇用者だった人、キャリアを中断した人が、正社員として採用され、キャリアコースに乗ることは大変難しい。特に、大企業や公務員ではそうである。

このシステムは、新卒で企業に就職でき、結婚して子どもをもっても、家事や育児責任を負わなくて済む男性従業員にとっては、安心できるシステムです。しかし、出産、子育て等で、「家事・育児責任」を果たすためには、キャリアを中断しなくてはなりません。日本の企業や役所では、年功序列のシステムを守るために、新卒時以外で、キャリアコースに乗るチャンスはほとんどありません。女性にとっては、「家事・育児責任」が軽くなった後に、再就職しようとしても、キャリアコースに乗るどころか、正社員にさえなかなかなれない慣行が根強く残っています。つまり、日本では、企業等で能力を発揮し、キャリアコースに留まり続けるためには、「家事・育児責任」から免れている必要があるのです。

この「日常的な長時間労働」「キャリアを中断することができない」という条件は、女性だけでなく、男性にも重くのしかかります。

一つは、従来から言われていることですが、男性に「正社員を辞められない」というプレッシャーを与え、「正社員でなくなったら」家族の支え手として失格ということで、過労死や過労自殺が増える背景になっているのです。

近年は、フルタイムの共働きで「家事・育児責任」を妻とシェアしている男性も多くなってきました。また、一人で子どもを育てている男性ひとり親も珍しい存在ではなくなっています。彼らのような男性にとっても、「家事・育児責任」がないことを前提にした日本的雇用システムは、苦悩のもとになっています。

女性の経済活躍を妨げる社会保障制度

次に税制や社会保障制度を考察してみましょう。

ある企業経営者の方から、次のような話を聞きました。彼は、雇用形態による格差をなんとかしたいと思い、アルバイトやパートの従業員に対して、年末、全員一律五〇万円のボーナスを支給したそうです。どんなに喜ぶかと思いきや、なんと、約半数のパート従業員が、受給を辞退したそうです。大多数は既婚女性です。理由は、そのボーナスを貰うと年収が「被扶養者」とみなされる限界を超えて、かえって税金がふえて損をしてしまうということだったそうです。

「一〇三万円の壁」と言われているように、給与収入が年間一〇三万円を超えると税制上の扶養家族とみなされず、配偶者控除が適用されなくなります。男女の区別はありませんが、事実上、夫が扶養者、妻が被扶養者となっているケースがほとんどです。還付額は夫の年収や扶養している子どもの数にもよりますが、月五〇〇〇円程度が多いでしょうか。[*29] それだけなら、年六万円程度と思うかもしれません。

＊29　このギャップを少しでも埋めるため、配偶者特別控除という制度が設けられており、年収一四〇万円まで（ただ、夫の収入が一〇〇〇万円未満に限り）ある程度の控除が受けられる。

それだけではありません。年収一三〇万円以上だと、社会保険制度上の扶養家族とはみなされず、健康保険料や年金保険料を自分で納めなくてはなりません。年金は、一号被保険者であれば月一万五五九〇円（二〇一五年度）の納付義務が出てきます。厚生年金加入となるとさらに増えます。そして、健康保険は、地域や本人年収にもよりますが、月数千円の負担をしなくてはなりません。年収一三〇万円未満であれば保険料を納めなくても年金納付したとみなされ、健康保険も適用されるのです。これは、年二五万円程度になります。

それに加えて、大きな企業の正社員や公務員では、配偶者扶養手当が支給されるケースが多いです。額はまちまちですが、月一万円から三万円位の所が多くなってます。だいたい二万円としましょう。

それらの額を足すと、差し引き月に五万円余り、年に六〇万円になります。つまり、被扶養者でいると、年間六〇万円支給されるのと同じことなのです。

扶養されている人と、扶養されていない人の間に線を引き、その線のこちら側と向こう側では、税や社会保障、そして、（夫が勤務する）企業内福祉の取り扱いで大きな差がついてしまいます。これを避けるために、多くの既婚女性は、扶養の範囲内で働こうとし、昇進や昇給を避ける傾向が出てきます。そのことが結果的に、既婚女性が低賃金のパートで働くことを固定化させてしまうのです。

ただ、この年収の壁の問題に関しては、パートで働く既婚女性の就労意欲を削ぐと言うだけではありません。この制度で優遇されているのは、低収入のパート労働者ではなく、正社員の被扶養者である点に問題があります。

一人暮らしの人や、夫が自営業や非正規雇用の場合、低収入のパートで年収一三〇万円未満でも、年金や健康保険の保険料は支払わなければなりません。子どもを育てていても同じです。ということは、正社員と結婚している人だけが優遇措置を受けられるわけです。

本来、税や社会保険制度で優遇されるべきは、パート等で働いている人や無職の人自身であって、被扶養者ではありません。被扶養者は社会保険料が免除されているなら、被扶養者でない低収入の人も免除されるべきなのに、それがありません。人間を被扶養者とそうでない人に分断して処遇するということは、時代に合わなくなっています。女性の活躍推進という理由だけでなく、このような意味からも税制や社会保険制度の改革が望まれています。

希望を失った女性の行き場は

このように、女性が経済的に活躍したいと思っても、正社員にはその裏で家族を支える専業主婦がいることを前提とする日本的労働慣行が、その実現を阻んでいます。そして、税制や社会保険制度でも、収入が一定限度を超えると、大きく損をします。

それだけではありません。男女雇用機会均等法ができて三〇年経った現在でも、微妙な形で女性差別意識が残っています。私が直接話を聞いたケースを三つ紹介します。どのケースの女性も、当初は企業で仕事を続けようと張り切っていた大卒女性です。

総合職として大手企業に入社した女性が、微妙な差別に気づきました。同期で入った男性は業績が振るわなくても、一定の年齢になると主任や係長に昇進しています。しかし、同期の女性を見ると、業績を上げている何人かは男性と同じように昇進しているけれど、年齢がいっても役なしの女性も多いことに気がつきました。男性であるというだけで昇進させる企業に嫌気がさし、語学能力を生かして海外の企業に転職し、今は管理職に昇進しています。

ある中小企業で採用時に役員に見込まれ、大卒総合職第一号として入社した女性がいます。しかし、配属された現場の男性上司は、大卒男性と同じに扱わず、一般職高卒女性と同じ仕事しかさせてくれなかったといいます。人事担当者が注意しても現場の上司は聞き入れなかったそうです。彼女はいたたまれず退社。女性差別が少ない高校教師になりました。

ある地方で婚活中の三〇代女性に会いました。話を聞くと、ホテルで正社員として働いていたのが、業績悪化で人員を削減した際、退職を余儀なくされました。その理由として、未婚で親と同居しているから生活に困らないだろうと言われたそうです。

長年企業で活躍されてきた年配の女性にこの話をすると、男性以上に努力する姿をみせるべきだとか、私は差別に負けないで頑張ってきた、などと言われることがままあります。もちろん、そのような「強い」女性もいるでしょう。しかし、多くの女性が同じように強いわけではありません。私は、『希望格差社会』の中で、アメリカの社会心理学者の論文を引いて、「努力が報われると思えば希望が生じる、努力しても無駄だと思えば絶望が生じる」と書きました。[*30]「男性と同じように努力しても、男性と同じようには報われない」状況は、多くの働く女性のやる気を削いでいくのです。そして、他に努力すれば報われる場があると思えば、そちらに行って自分の能力を生かそうとするのは当然です。最初の女性は、海外に活路を求め、二番目の女性は当初の希望とは違う教師の道を選びました。そして最後の女性は、仕事で活躍することを諦め、専業主婦になることを狙っています。彼女たちを責めることができるでしょうか。新卒一括採用慣行のせい

表 9 「夫は外で働き，妻は家庭を守るべきである」という考え方について，賛成の割合

（単位＝%）

年	全体	男性	女性	女性の年代別による賛成の割合					
				20 代	30 代	40 代	50 代	60 代	70 代以上
2002	47.0	51.3	43.3	33.2	32.9	37.5	40.6	50.8	63.8
2007	44.8	50.7	39.9	40.2	35.0	31.7	34.3	43.1	54.8
2012	51.6	55.2	48.4	43.7	41.6	41.0	40.4	52.3	62.2

出所：内閣府世論調査

で、中途で正社員になる道は狭い、その上に女性として差別される。正社員と結婚して主婦になるしか、自分の将来はないと考える。これは現状では合理的な願望です。それが実現する可能性は低くなっていますが。

＊30 Randorf Nesse, "The Evolution of Hope and Despair", Social Research, Vol. 66, No. 2 1999.『希望格差社会』の中で、私が想定したのは若年非正規雇用者であった。非正規雇用者は、正社員と同じように努力しても報われることの少ない雇用形態である。女性も全体として同じ状況に置かれていると言ってよいのではないだろうか。女性がただ働けばよいというものではなく、「希望を持って働ける」環境を整備することが必要である。

今世紀に入ってから、若い女性の中で専業主婦志向が増える傾向にあります。これは、さまざまな調査データによって支持されています[＊31]。

＊31 一例として内閣府の男女共同参画に関する世論調査をみてみよう（表9）。「夫は外で働き、妻は家庭を守るべきである」という考え方について、賛成の人の割合を見ると、二〇代女性の賛成率が、二〇〇二年から二〇一二年までに一〇ポイントも上昇している。性別役割分業に反対している人の割合が多い年代は、二〇〇二年には、二〇代、三〇代だったのが、二〇一二年では四〇代、五〇代の女性である。

また、海外に活路を求める若年女性も増えています。その結果、先の例でひいた女性のように、海外で仕事を見つけ、さらに、現地の人と結婚する人も増えています。日本で結婚する人が減る一方、海外で結婚する日本人女性は、毎年一万人近くになっています(山田昌弘・開内文乃『絶食系男子となでしこ姫――国際結婚の過去・現在・未来』東洋経済新報社、二〇一二年参照)。これも、仕事において女性差別的状況が続いており、なかなか改善されない結果生じている傾向だと思って間違いないでしょう。

このままだと、たとえ仕事能力を持っていても、その能力が活かされない女性がこれからもたくさん出てくるでしょう。その仕事への向き不向きではなく、女性差別のない職を選択しなければならなかったり、不本意ながら専業主婦になったり、なろうとしたりする人が出てくるでしょう。さらに日本から飛び出して、海外で活躍して、結婚して子どもを産み育てる人がこれからも増えることは間違いありません。

終章　男女ともに生きやすい社会を目指して

これまで、日本で男女共同参画が遅れている現状、理由と要因、その結果、日本の社会問題が深刻化している状況について考察してきました。グローバル化し、経済社会が大きく転換している現代、日本で女性が経済的に活躍できないことが、企業業績が伸びない一因となり、結婚難から少子高齢化を深刻化させ、家計の消費が増えず内需減少をもたらしています。

そして、女性の経済的活躍を妨げているのは、「男は主に仕事、女は主に家事」という性別役割分業を前提とした社会制度、慣習、意識なのです。ここで注意していただきたいのは、「前提とした」という言葉です。性別役割分業がいけないというのではありません。それを「前提とした」制度、慣習、意識があるために、それ以外のあり方をしようとすると、さまざまな困難が生まれてしまうという意味です。日本の新卒一括採用、長時間労働といった労働慣行は、「家に主婦がいて家事・育児責任から免れている男性」を前提にしています。年金など社会保障制度は、「正社員男性に扶養される妻」を前提に設計されています。そして、「妻子を養える収入がある男性でなければ結婚しない」という意識が少子化をもたらし、結婚してもなかなか収入が増えず、男性の小遣い額も減少の一途をたどります。

性別役割分業を前提とした社会制度、慣習、意識は、単に、女性の経済的活躍を妨げているだけではなく、男女双方に「生きにくさ」を作り出しています。そして、男女の生きにくさは、この性別役割分業によって質的に違ってきます。

今の若い女性は、一見、さまざまな生き方の選択肢があるようにみえます。キャリアを追求することもできるし、一般職やパートでそこそこ働き続けることもできる。仕事をせずに専業主婦という道もある。

しかし現在、どの選択肢をとっても、困難が増しています。キャリアで活躍しようと思っても、今の日本の長時間労働慣行の下では、親にサポートを頼めたり、女性が働きやすいいわゆるホワイト企業[*32]に就職できたなど「幸運」に恵まれなければ、子育てとキャリアの両立は困難です。両立可能だけれども低賃金で昇進がない非正規雇用になってしまえば、仕事で活躍することは諦めなくてはなりません。といって専業主婦になろうとしても、妻子を養える収入を稼ぐ未婚男性の数は激減しており、それこそ「運」がよくなければ、そのような男性と結婚できませんし、結婚が続かない可能性も高まっています[*33]。といって、親と同居しながら選択を先延ばしにすれば、将来が不安です（拙著『「家族」難民』参照）。女性の場合はどの選択肢をとろうとも、「運」がなければうまくいかない仕組みになっているのです。

＊32　経済産業省監修『ホワイト企業――女性が本当に安心して働ける会社』（文藝春秋、二〇一三年）参照。ただ、定義にもよるが、ネットなどではホワイト企業など全企業の一％に過ぎないと書かれ

ているものもある。この比率は、年収八〇〇万円超の未婚男性比率とほとんど同じである。ホワイト企業に入社できる確率と、年収八〇〇万円以上の未婚男性と結婚できる確率がほとんど同じということだろうか。

＊33　二〇一二年、結婚は六六万八八六九組、離婚は二三万五四〇六組である。今結婚したカップルは、ほぼ三組に一組が離婚に終わることになる（ここ一〇年間、結婚と離婚の比率はほぼ安定している）。だからといって、結婚するカップルは、まさか自分の結婚が離婚に終わるとは普通考えない。

一方、男性は、選択肢がないことによる「生きがたさ」に直面します。男性は、「仕事に専念して妻子の生活を支える」以外の選択肢をとることをなかなか許されません。そのため、長時間労働を強いられることになるのです。それ以外の生き方を模索したり、家事や育児を楽しむことはできません。なにより、今の格差社会のもとでは、十分な収入を稼げない男性は、結婚することさえ難しくなっているのです。

このように、「男は主に仕事、女は主に家事」であることを前提にした制度、慣行、意識は、女性だけでなく、男性にとっても、日本経済にとっても、そして、日本の人口に関しても桎梏《しっこく》になりつつあります。

では、なぜ変われないのか、それは、制度、慣習、意識の一種の「惰性」だと思います。今ある仕組みを変えるのには、国民全体の勇気と決断が要ります。国の制度、雇用慣行、そして、人々の意識というすべてのレベルを、少しずつでも変えていかないと、女性の活躍推進が進まず、男性、女性ともに、生き方の困難さが増します。

確かに、過去の高度成長期のように、この仕組みでうまく行った時期もありました。しかし、アメリカのビル・クリントン元大統領の演説にあるように「過去は過去、過去を取り戻そうとすると、未来を失う」のです。[*34] 男女とも生きやすい未来のために、日本社会の未来のために、女性の活躍推進を進めていかなくてはなりません。

＊34　一九九三年、ビル・クリントン大統領（当時）スピーチより（拙訳）。"Yesterday is yesterday. If we try to recapture it, we will only lose tomorrow."（http://en.wikiquote.org/wiki/Bill_Clinton）

◇本書は、『共同参画』（内閣府男女共同参画局）に連載された「男女共同参画は、日本の希望」（二〇一三年五月号〜一四年三、四月合併号）をもとに、大幅に加筆・修正したものです。

山田昌弘
1957年生まれ．東京大学大学院社会学研究科博士課程単位取得退学．

現在，中央大学文学部教授．

専攻は家族社会学，感情社会学，ジェンダー論．

著書に『パラサイト・シングルの時代』(ちくま新書)，『希望格差社会――「負け組」の絶望感が日本を引き裂く』(ちくま文庫)，『少子社会日本　もうひとつの格差のゆくえ』(岩波新書)，『「婚活」時代』(共著，ディスカヴァー・トゥエンティワン)，『「家族」難民――生涯未婚率25％社会の衝撃』(朝日新聞出版)，ほか多数．

女性活躍後進国ニッポン　　岩波ブックレット 934

2015年9月8日　第1刷発行
2023年4月14日　第2刷発行

著　者　山田《やまだ》昌弘《まさひろ》

発行者　坂本政謙

発行所　株式会社 岩波書店
〒101-8002 東京都千代田区一ツ橋 2-5-5
電話案内 03-5210-4000　営業部 03-5210-4111
https://www.iwanami.co.jp/booklet/

印刷・製本　法令印刷　　装丁　副田高行　　表紙イラスト　藤原ヒロコ

ISBN 978-4-00-270934-5　　Printed in Japan